El jersey

Jennifer Degenhardt

Cover art: Matías Salazar

ISBN-13: 978-0999347942 (Puentes)
ISBN-10: 0999347942

For Matías. Your sweet act was the inspiration for this story.

ÍNDICE

AGRADECIMIENTOS

Indebted I am, once again, to José Salazar for his help with correcting my errors, both with the Spanish language and with my knowledge of soccer and *La Liga* (which surprisingly was not as bad as I thought it might be). I am grateful to you for your help, and your friendship.

Thank you, too, to Diego Ojeda, for reviewing the manuscript.

Credit for the cover art goes to two people, both of whom are so talented in their own way. Matías Salazar provided the drawings of the little boy and the jersey, and Angie from pro_ebookcovers helped to format the entire cover to make it appear more professional. Thank you to both.

Capítulo 1

El chico se llama Matías. Él tiene siete (7) años. Vive en una casa con la familia: una mamá, un papá y una hermana. La familia tiene una casa con tres dormitorios, una cocina, una sala y dos baños. La casa azul no es muy grande, pero es perfecta.

La familia es interesante. La mamá es de los Estados Unidos y el papá es de Guatemala originalmente. La familia vive en el estado de Nueva York y habla español.

Matías es un chico muy activo. Él practica muchos deportes, pero el fútbol es su favorito. Todos los días Matías practica con un balón de fútbol. También Matías mira muchos videos de fútbol en el iPad. Él mira los videos de fútbol de La Liga, el fútbol profesional de España. A Matías le gusta mucho el deporte.

Matías es un chico feliz. Mira videos de todos los equipos de La Liga, pero tiene un equipo favorito: FC Barcelona o Barça. Es el equipo más importante en la ciudad de Barcelona en

España. Las personas en el equipo juegan muy bien. Un jugador importante es Lionel Messi. Él es excelente. Su posición es delantero. En un partido, él tiene el balón mucho porque es muy bueno.

En el equipo del Barça en España, Lionel Messi es número 10. Él juega fútbol para el equipo nacional de Argentina también porque es de Argentina. Su jersey de Argentina es también el número 10. Para Matías, Messi es el número 1, pero en el jersey, Messi es número 10.

Matías es un chico activo. Él practica el fútbol y tiene muchos uniformes de los equipos profesionales. Él tiene las camisas, los pantalones cortos y las medias. Un uniforme es blanco con verde. Es el uniforme de Cristiano Ronaldo del equipo Real Madrid. Otro uniforme es celeste. Es el uniforme nuevo de FC Barcelona. El uniforme tiene el nombre Suárez. ¡A Matías le gustan más los uniformes del Barça!

Para Matías el uniforme más especial es el uniforme regular del Barça. El jersey es rojo y azul con los números amarillos. Los pantalones cortos son azules y las medias son azules también.

Cuando es posible, Matías lleva el uniforme. Matías tiene el plan de llevar el uniforme en el viaje a Guatemala en un mes. Un día, habla con su mamá.

«Mamá, ¿dónde está mi jersey de Messi?», pregunta Matías.
«No está en casa. Ya es muy pequeño para ti», contesta la mamá.
«Pero, maMÁ, ¡necesito el jersey para Guatemala! Es especial».
«Lo siento. El jersey está en Goodwill[1]».

Matías NO está feliz. Matías necesita el jersey para el viaje. Es su jersey favorito.

---

[1] Goodwill is just one of the many organizations in the United States that accepts used clothing and other items and offers them for resale at a discounted price.

Capítulo 2

Brayan tiene 6 años. Él vive en un caserío (un pueblo MUY pequeño) en el Lago Atitlán. Atitlán está en la parte central de Guatemala. El caserío se llama Jaibalito. Jaibalito tiene 650 personas, o habitantes. No es muy grande. Es muy pequeño.

En Jaibalito hay dos restaurantes, cuatro iglesias, una escuela y muchas casas. Jaibalito no tiene mucho dinero, pero es un caserío muy feliz. Las personas trabajan mucho y los niños estudian en la escuela.

Las personas en Jaibalito hablan dos idiomas, o lenguas. En muchos pueblos en Atitlán, y en Guatemala, hay personas indígenas. Las personas hablan los idiomas mayas y hablan español también. Hay muchas lenguas indígenas en Guatemala, pero en Jaibalito las personas hablan *Kaqchikel*[2].

---

[2] Kaqchikel is a Mayan indigenous language spoken in the south central region of Guatemala.

Brayan habla Kaqchikel porque sus padres hablan Kaqchikel. Él habla Kaqchikel en la casa, pero estudia español en la escuela.

Es agosto y es día de escuela. La mamá de Brayan habla a su hijo en Kaqchikel y español.

«*Saqär, Brayan.* (Buenos días, Brayan)».

«*Saqär, nan.* (Buenos días, mami)», dice Brayan.

«Aquí está tu camiseta para la escuela», dice la mamá en español.

«Gracias, mami».

La camiseta de Brayan es verde y tiene la imagen de Sponge Bob. La camiseta es de los Estados Unidos. Es una camiseta usada. Sponge Bob no es popular en Guatemala, pero la camiseta está en buena condición. Brayan tiene la camiseta verde y los pantalones cortos negros. No tiene zapatos. Muchos niños en Jaibalito no tienen zapatos. Es normal.

Brayan es un chico feliz. Él tiene muchos amigos en Jaibalito. Él estudia con amigos en la escuela. Todos los amigos tienen ropa americana. La ropa es muy popular porque tiene buen precio.

Esa mañana Brayan camina a la escuela con su mamá.

Capítulo 3

«Matías», grita el papá. «Tienes la práctica de fútbol hoy. ¿Tienes los zapatos?»

«Sí, papi. ¿Hay un partido hoy o sólo práctica?», pregunta Matías.

«Sólo práctica, hijo. El sábado es el partido».

«Ok».

Matías tiene muchas actividades. Practica el fútbol mucho, también practica el lacrós. Y practica el piano también. A Matías le gusta la música mucho. Le gusta más el fútbol, pero le gusta la música.

En dos semanas Matías y su familia viajan a Guatemala. La familia viaja al país para visitar a la abuela. A Matías le gusta visitar Guatemala porque le gusta hablar español. Matías habla inglés y español.

*****

Matías se prepara para la práctica de fútbol, pero también se prepara para el viaje a Guatemala. La familia viaja a la ciudad de

Antigua. En Antigua le gusta ver los volcanes enormes. Los volcanes se llaman Agua, Fuego y Acatenango. El volcán de Agua está al sur de Antigua. Fuego y Acatenango están en el suroeste. Son muy grandes, pero sólo El volcán Fuego está activo. Los otros no están activos.

En el carro a la práctica de fútbol, Matías habla con su papá.

«Papi, en Guatemala yo quiero comer en Frida's y también en Condesa».
«Está bien, Matías. Comemos en esos restaurantes mucho».

Frida's es un restaurante mexicano en la 5ª Avenida Norte cerca del Arco de Santa Catalina. El arco amarillo es muy famoso en Antigua. Café Condesa es un restaurante en la plaza principal de Antigua. En el restaurante Matías come desayuno chapín, el desayuno guatemalteco. El desayuno chapín tiene huevos con cebolla y tomate, frijoles, tortillas y fruta. Es delicioso.
«Papi, quiero ir al lago también», dice Matías.

«Claro, hijo. Vamos al lago. Vamos al lago todos los años».

Matías toma el balón y el uniforme rojo de su equipo, y va a la práctica de fútbol con su papá.

Capítulo 4

Ese día hace buen tiempo en Jaibalito. Hace fresco, pero hace sol también. Hay muchos volcanes en Guatemala, pero hay tres volcanes en el Lago Atitlán. Se llaman Volcán Atitlán, Volcán San Pedro y Volcán Tolimán. Por la mañana, hay muchas nubes cerca de los volcanes.

Brayan está en su casa pequeña con sus padres, con su tía y sus primos. Todos viven juntos. La mamá de Brayan le habla.

«Brayan, necesitas regresar a casa después de la escuela. Tu tía prepara el almuerzo para ti. Papi y yo necesitamos trabajar».

«Está bien, mami. ¿Papi está en el hotel ahora?», pregunta Brayan».

«Sí, mi amor. Tu papi trabaja ahora».

La mamá de Brayan camina cerca del lago para ir al hotel. El hotel se llama Casa del Mundo y está cerca de Jaibalito. La mamá y el papá de Brayan trabajan en el hotel. Su mamá es mesera. Ella trae la comida a las personas que visitan el hotel. Muchas personas de muchas partes del mundo visitan el hotel. El papá de Brayan trabaja en el muelle del hotel. El muelle está cerca del lago. Las lanchas, los taxis acuáticos, llegan al muelle. El papá ayuda a las personas con las maletas. También su papá saca productos de las lanchas que llegan desde el pueblo de Panajachel.

La tía de Brayan le habla en Kaqchikel «*Akuchi e k'o wi ritag awuj chuqa ri taq atz' ib'ab'al?* (¿Dónde están tus materiales para la escuela?)» Brayan necesita sus materiales para la escuela.

«Tía, tengo todo aquí», responde en español.

Esa mañana Brayan tiene muchas preguntas.

«Tía, ¿hay un partido de fútbol hoy en la televisión? Quiero mirar».

«No sé…»

«Tía, ¿conoces a Messi, el jugador de Barça?»

«No. No lo conozco. ¿Es bue…?»

Brayan habla otra vez, «Quiero jugar como él. ¿Es posible llevar el balón a la escuela hoy?»
«Sí, Brayan. Está bien», dice la tía.

El "balón" no es un balón real. El "balón" es de papel y cinta. La familia no tiene dinero para un balón de fútbol. Brayan toma el balón para usar en la escuela. No es muy bueno, pero es suficiente. Camina a la escuela con su tía y los dos primos. Jaibalito es muy pequeño y ellos llegan a la escuela en pocos minutos.

Capítulo 5

Para la familia de Matías llega el día de ir a Guatemala. Matías decide llevar el uniforme blanco de Cristiano Ronaldo. No es su favorito. El uniforme de Messi es su favorito, pero no lo tiene. La mamá de Matías dice que el uniforme está en Goodwill. El uniforme usado está listo para otra persona.

A Matías le gusta viajar. Con su mochila roja, camina por todas partes del aeropuerto en Nueva York. Matías mira a muchas personas. Hay personas hispanas. Hay personas europeas. Hay personas de Asia. Hay mucha acción en el aeropuerto.

A Matías le gusta viajar a Guatemala porque le gusta practicar el español, pero el viaje a Guatemala es muy largo. Matías descansa en el avión. También usa el iPad para mirar los videos de su equipo favorito, FC Barcelona. Matías estudia los videos porque quiere jugar bien. Él es estudiante del deporte de fútbol.

«Mami, mira este partido del Barça. Messi y Suárez juegan muy bien».

«Excelente, Matías. Un video más porque necesitas leer tu libro», dice la mamá.

«Ok, mami. Pero no me gusta leer. Quiero jugar fútbol profesional. No necesito leer».

La mamá de Matías no responde. No es necesario. Matías termina con el iPad y saca el libro para leer.

*****

La familia llega al Aeropuerto Internacional la Aurora en la capital de Guatemala. Matías y su hermana hablan mucho cuando bajan del avión.

«Sofía, ¿quieres caminar al Cerro de la Cruz?», pregunta Matías.

«Claro. También quiero ir a la plaza principal el domingo. Me gusta ver a las personas».

«¡Sí! Hay muchas personas los domingos. Allí venden muchos juguetes para niños. Yo voy a comprar un balón», dice Matías.

«Y un día caminamos en el Volcán Pacaya», dice Sofía.

«No, Sofía. No es posible caminar en un volcán».

«Sí, Matías. Mami dice que es posible».

La discusión continúa por unos minutos más. Matías y su familia toman un taxi a la ciudad de Antigua. Antigua es una ciudad colonial pequeña. También es muy bonita.

En el taxi, los dos chicos hablan de muchos lugares en Antigua. El Cerro de la Cruz es un lugar con una cruz. Desde el cerro hay una vista espectacular de la ciudad de Antigua y del Volcán Agua también. Pacaya es otra atracción. Muchos turistas suben este volcán porque es muy fácil.

También, Sofía y Matías hablan de las experiencias en la plaza. Muchos guatemaltecos llegan a la plaza los domingos para pasear. Toman helado, miran a las personas y escuchan música de marimba[3]. En Antigua hay muchas actividades. Es una ciudad alegre.

---

[3] Marimba: music made with the instrument of the same name; a percussion instrument of a set of wooden bars that are struck with mallets to produce tones.

Capítulo 6

La mamá de Brayan camina al hotel. Casa del Mundo está sólo a cinco minutos de Jaibalito. El camino es muy corto, pero es muy bonito. La mamá mira el Lago Atitlán. Por la mañana el agua es gris, pero por la tarde es turquesa. El lago es hermoso.

En el camino al hotel la mamá de Brayan mira a los vecinos. Dos mujeres caminan al lago con comida en canastas encima de las cabezas. Ellas llevan *traje*[4]. Traje es el nombre para la ropa de las mujeres indígenas en Guatemala. La blusa se llama *huipil*. La falda se llama *corte*. El huipil de Jaibalito es rojo y el corte es negro. Todas las regiones en Guatemala tienen traje de colores específicos.

También la mamá pasa a unos hombres. Los hombres trabajan en la tierra. Ellos trabajan produciendo café. El café de Guatemala es muy

---

[4] Traje is the typical dress/outfit of the indigenous people in Guatemala. For women it consists of a blouse skirt and a woven belt.

famoso y delicioso. La mamá de Brayan saluda a los hombres.

«*Ütz awäch* (Buenos días)».

«*Ütz awäch*», responden. «*La ütz awäch rat?* (¿Cómo estás?)».

«*Ütz matyöx* (Bien, gracias.). *La ütz awäch rat?*»

«*Ütz matyöx*».

En el camino al hotel, la mamá de Brayan piensa en su hijo. A Brayan le encanta el fútbol. Él practica el deporte todos los días en la casa y en la escuela. Y cuando hay un partido en la televisión mira con mucho interés. Su equipo favorito es un equipo de España, el equipo de Barcelona. Le gustan los colores del uniforme. Brayan tiene muchos jugadores favoritos en el equipo: Suárez, Neymar y claro, Messi.

En una conversación un día, Brayan y su mamá hablan de su cumpleaños.

«Mami, mi cumpleaños es en dos semanas».

«Sí, Brayan. Vamos a celebrar», dice la mamá.

«Quiero un jersey de fútbol. ¿Por favor?»

«Vamos a ver, Brayan».

La situación económica para muchas familias en Guatemala es muy difícil. No hay mucho dinero extra. La mamá de Brayan está triste. Ella quiere comprar un regalo especial pero no hay dinero.

Su mamá camina al hotel y entra en el restaurante. Tiene que trabajar todo el día.

Capítulo 7

Matías habla español con su familia, pero quiere aprender más. Cuando están en Antigua, Matías y su hermana estudian español en una escuela allí. La escuela se llama Francisco Marroquín. Es una escuela famosa en Antigua. Tiene clases en grupos pequeños o individuales. En la clase Matías aprende a leer. Español es fácil de pronunciar y es fácil de leer. Matías tiene una pronunciación excelente. La profesora está muy feliz con él.

«Matías, aprendes mucho español esta semana. Estoy contenta», dice la profesora.

«Gracias, maestra Carmen. Me gusta estudiar español», responde Matías.

«Estudia mucho más. Lee mucho. Tú puedes leer los letreros con las palabras grandes. Son fáciles de leer».

«Está bien, maestra. Voy a practicar», dice Matías.

*****

La familia va en carro a la costa para visitar a la abuela en Monterrico.

En una semana, Matías aprende mucho español. Ahora lee muy bien. Lee todos los letreros que ve en las calles y en los restaurantes. Lee todo el tiempo en voz alta.

«Librería. Restaurante. Farmacia. Museo. Hotel», dice Matías. Matías pronuncia la "h" como en inglés.

«Matías, en español, no se pronuncia la "h." La palabra se dice "otel"», explica su mamá.

«Pero es la palabra "hotel" en inglés», dice Matías.

«Sí, amor. Hay muchas palabras que son iguales o similares en inglés y en español», dice la mamá.

«Oh. Ok».

Matías lee otro letrero. No es un letrero oficial, pero dice: "SE ABRIÓ PACA." Matías lo lee en voz alta.

«Papi, ¿qué es una paca?», pregunta Matías.

«Una paca es una cantidad enorme de ropa americana que llega a Guatemala desde los Estados Unidos», dice el papá.

«¿Es ropa nueva?», pregunta Matías.

«No. Es ropa usada. Es la ropa usada que nosotros traemos a Goodwill y otras organizaciones similares. La ropa americana es muy popular aquí en Guatemala».

«¿Por qué se vende en esa casa?»

En esa casa las personas tienen mucha ropa en el patio. Las personas venden la ropa para ganar dinero.

«Es un negocio informal de unas personas en Guatemala. Ellas compran pacas de ropa y las venden».

Matías tiene muchas preguntas: ¿Qué es negocio informal? ¿Ganan mucho dinero? ¿Qué pasa con la ropa que no se vende?

El papá de Matías explica que el negocio informal es como un *"yard sale"* en los Estados Unidos. Las personas venden y otras personas compran. El papá no sabe qué pasa con la ropa extra.

«Papi, ¿está mi jersey de Messi en una paca?»
«No sé. Es posible».

La familia continúa en la ruta a la costa. Están en el departamento de Escuintla. Un departamento es como un estado en los Estados Unidos.

En el carro la familia pasa muchas aldeas pequeñas. Ellos ven casas pequeñas y muchas iglesias. También miran a las personas que caminan en las calles. Hace mucho calor y las personas sudan. El clima es muy diferente del clima en Antigua.

Matías lee otro letrero. "Megapaca: el día de buen chapín." Matías lee y pronuncia muy bien, pero no comprende.
«Mami, "¿qué es Megapaca?»", pregunta Matías.

La mamá de Matías explica que Megapaca es una compañía en Guatemala que tiene muchas tiendas. Las tiendas venden ropa americana usada. La ropa llega en pacas a Guatemala.

«¿Por qué la gente compra ropa usada aquí?», pregunta Matías.

«No hay mucho dinero para comprar ropa nueva. Y la ropa usada es de buena calidad», explica la mamá.

«Oh. Y, ¿qué es chapín?», pregunta Matías.

La mamá está cansada de muchas preguntas. «Matías, tú sabes que es una palabra para decir "guatemalteco"».

«Oh. ¡Sí!», dice Matías.

La familia llega a la costa y va directamente a la casa de la abuela. La abuela es una chapina muy feliz. Ella vive en una casa pequeña con sus gallinas y su perro, Negro. Claro, el perro es negro. A Matías le gusta estar en la casa de su abuela porque él no tiene mascotas en los

Estados Unidos. Llegan a la puerta y Matías grita

—¡Hola, ab-UE-la!

Capítulo 8

Es un día normal para la familia de Brayan. Los padres caminan al hotel para trabajar, y Brayan camina a la escuela con la tía y sus primos.

El hotel no es un hotel grande. Es un hotel pequeño con veinte cuartos. Es necesario subir muchas gradas para llegar a la recepción y al restaurante del hotel. Los padres, Candelaria e Isaías, suben las gradas rápido. No es difícil para ellos, pero es difícil para las personas que visitan el hotel.

Los dos llegan al restaurante y saludan a Gabriel, el jefe del hotel.

«Buenos días», le dicen.
«Buenos días, Candelaria e Isaías. ¿Cómo están?», pregunta Gabriel.
«Bien, gracias. ¿Cómo está el negocio con las pacas?», pregunta Isaías.

Isaías sabe que Gabriel tiene otro negocio con la ropa americana. El negocio está en

Panajachel, el pueblo más grande en el Lago Atitlán.

«Está bien, gracias. Tenemos nueva paca», explica Gabriel.

«¿Sí? ¿Tienes un jersey de Messi?», Isaías pregunta, pero no en serio.

«Increíble. Sí tenemos. ¿Lo quieres?», pregunta Gabriel.

Candelaria responde inmediatamente. «Sí, Gabriel. Por favor. Es el cumpleaños de Brayan en seis días y habla mucho de un jersey».

«Está bien. Se lo traigo[5] mañana».

Durante el día Candelaria está muy feliz. Ella quiere comprar el jersey para Brayan. El problema es que ella no tiene el dinero. Necesita un plan...

Isaías piensa en el jersey también. Él quiere comprar el jersey para Brayan, pero no hay pisto[6]. Es un problema. Pero no tiene tiempo para pensar en el problema. La lancha llega con

---

[5] se lo traigo: I'll bring it to you.
[6] pisto: Guatemalan word for money.

personas que pasan unas noches en el hotel. Isaías necesita ayudar a las personas con las maletas.

También en la lancha hay muchos productos para el hotel. Hay cajas de vegetales, sodas, botellas de agua y una bolsa grande de frijoles. El hotel sirve muchos frijoles porque es una comida tradicional en Guatemala.

Isaías lleva las botellas al restaurante. Subir las gradas con las botellas de agua es más difícil. Cuando llega al restaurante, Candelaria le habla.

«Isaías. Tengo buenas noticias. Mira esta ropa. Una mujer de los Estados Unidos me la regaló[7] porque ella no la necesita».

«Bien, Candelaria. Pero ¿qué haces con la ropa?», pregunta Isaías.

«Voy a venderla en el mercado en Panajachel mañana. Con el dinero puedo comprar el jersey para Brayan», explica Candelaria.

«Buena idea, Candelaria».

---

[7] me la regaló: she gave to me (as a gift).

El problema tiene una solución. Isaías y Candelaria están muy felices. Brayan va a recibir un jersey nuevo: el jersey especial de Lionel Messi, su jugador favorito.

Capítulo 9

«Matías, ¿dónde está tu mochila? Tu hermana está lista. Vamos en diez minutos», dice la mamá.

«Mami, aquí está mi mochila. Tengo ropa para dos días: dos uniformes, calzoncillos, calcetines, pijama y una sudadera. ¿Está bien?», pregunta Matías.

«Excelente. ¿También vas a llevar el balón para practicar fútbol?»

«Claro, Mami. Necesito practicar mucho», dice Matías.

La familia va a viajar en carro al Lago Atitlán. El lago está en el departamento de Sololá en Guatemala. El lago es muy bonito y tiene mucha historia y mucha cultura. El viaje al lago es casi cuatro horas en carro. Hay mucho tráfico. En el camino, Matías lee los letreros otra vez.

También Matías conoce más del país de Guatemala. Guatemala no es un país rico en dinero, pero es un país muy rico en historia y cultura. Por la ventana del carro, Matías ve a muchas personas. Las personas trabajan en las tiendas. Trabajan en construcción y también muchas personas trabajan en los campos. Guatemala tiene mucha agricultura. Los productos más importantes son el azúcar, el café y los bananos. Otro producto importante es la milpa, o el maíz. Es importante porque las personas usan el maíz para hacer tortillas. Las tortillas son importantes para los chapines.

Por fin la familia llega al pueblo de Panajachel. Panajachel está en la parte norte del Lago Atitlán.

Matías y su familia bajan del carro y caminan al muelle. El muelle es donde están las lanchas, o sea, los taxis acuáticos. Las lanchas llevan a las personas a los pueblos diferentes en el lago. A Matías le gusta mucho ir en lancha. Matías siempre está en la parte delantera de la lancha para mirar todo.

Matías corre al muelle. Visitar el hotel Casa del Mundo es su parte favorita del viaje a Guatemala. Él está muy emocionado y feliz.

«¡Vamos, Sofía!», grita Matías.

Sofía es mayor que Matías. Ella tiene 9 años. Ella no corre.

El papá de Matías paga al lanchero, el chofer de la lancha. Hay muchas personas en la lancha, turistas y personas locales. También hay muchos productos. Las lanchas llevan los productos a los hoteles diferentes en el lago. Es un sistema interesante.

No hay mucho viento entonces no hay muchas olas. Pero es diferente por las tardes en el lago. Cada día por la tarde hay mucho viento. El viento se llama *Xocomil*[8]. Con este viento hay olas grandes en el lago.

Matías y Sofía miran los volcanes. Los tres volcanes son enormes. No están activos, pero son muy hermosos. Las montañas cerca del lago son increíbles.

Quince minutos después, la familia llega al muelle de Casa del Mundo. Matías salta de la

---

[8] Xocomil: the name given to the winds that crop up in the afternoons on Lake Atitlán.

lancha inmediatamente para subir las gradas a la recepción del hotel.

Capítulo 10

«*Nan* (mami), mira. Yo tengo un jersey de Messi».

La mamá de Brayan está muy ocupada esa mañana, pero mira a su hijo. Brayan tiene un "jersey" que es realmente una bolsa de plástico. Es similar al uniforme nacional de Argentina con los colores celeste y blanco. También tiene el número 10 en negro.

«Muy bien, Brayan. Me gusta tu jersey. ¿Vas a llevarlo a la escuela hoy?»

La mamá de Brayan no escucha la respuesta. Ella tiene mucho trabajo. Ella necesita vender la ropa usada en el mercado. Ella quiere comprar el jersey para su hijo. Ella pone la ropa en una bolsa muy grande para llevar a Panajachel. Ella vende la ropa en el mercado. Quiere ganar el dinero necesario para comprar el jersey de Barça que tiene el nombre de Lionel Messi.

*****

Brayan camina a la escuela. Lleva el "uniforme" porque va a jugar al fútbol durante la hora de recreo. Todos los chicos, y unas chicas también, juegan al fútbol en la cancha al lado de la escuela.

La escuela en Jaibalito es muy pequeña también. En la escuela sólo hay 80 estudiantes. Los estudiantes tienen 5 - 12 años. La escuela tiene los grados 1 - 6. No hay clases en Jaibalito después del 6º grado. Los estudiantes que quieren continuar con la educación tienen que asistir a un colegio en Panajachel.

Las maestras saludan a los estudiantes cuando llegan a la escuela.
«*Saqär*. Buenos días».

Las maestras hablan Kaqchikel y español todo el día. Los chicos hablan sólo Kaqchikel en casa y aprenden español en la escuela. Brayan y su primo saludan a las maestras.

«*Saqär*».

«Buenos días», dice la maestra en español. «Repitan "Buenos días"».

«Buenos días», dicen los chicos.

Por la mañana Brayan y los otros estudiantes aprenden matemáticas y geografía en español. Los estudiantes también practican leer y escribir. Es mucho trabajo, pero están felices. Los niños de Jaibalito siempre están felices.

A las 10 de la mañana es la hora de recreo y refacción. Todos los niños hacen una cola para recibir su *incaparina*[9]. La incaparina es una bebida con vitaminas. Los niños reciben esta bebida en la escuela. El nombre de la bebida es de INCAP, una organización ONG[10] (organización no gubernamental), que quiere ayudar a las personas. La bebida da nutrición a los niños que no la reciben en casa.

Brayan y los amigos toman la incaparina rápido. Quieren salir de la escuela para jugar al

---

[9] Incaparina is the name given to the powdered beverage provided to the children by the NGO of the same name, INCAP, to ensure that they receive necessary nutrition.

[10] ONG = NGO - non-governmental organization.

fútbol en la cancha. Toman "el balón" y van a la cancha. "El balón" que usan es de mucho papel y más cinta. No importa. El balón funciona bien. Los chicos juegan por media hora cuando la maestra llama, «¡A estudiar!»

Entran en la escuela. Ellos están cansados, pero muy felices.

*****

La mamá de Brayan pasa un buen día en el mercado. Vende toda la ropa y gana suficiente dinero. Tiene mucha suerte. Con el dinero ella va a comprar el jersey. Al final del día toma la lancha para ir a Casa del Mundo. Gabriel está allí con el jersey.

Llega al muelle muy feliz. Sube las gradas para ver a Gabriel en la recepción.

«Buenas tardes, Gabriel», dice Candelaria.
«Hola. ¿Cómo estás?», pregunta Gabriel.
«Estoy excelente, gracias. Tengo el dinero para el jersey».
«Muy bien. Aquí está», dice Gabriel.

Gabriel saca el jersey de la bolsa de plástico. Es una bolsa similar a la bolsa que Brayan usa como el uniforme de Messi.

La mamá de Brayan toma el jersey. Es increíble. Es un jersey oficial del equipo de Barcelona: es azul y rojo con los números grandes en amarillo. Y claro, tiene el nombre "Messi" en la parte atrás. También, cerca del cuello del jersey están las letras M.A.S. La mamá de Brayan no entiende porque el jersey tiene las letras, pero no importa. Ella está súper feliz porque tiene un regalo para su hijo.

Capítulo 11

Es martes. Matías y su familia pasan otro día en el hotel Casa del Mundo. Normalmente a Matías le gusta correr todo el tiempo, pero no hay espacio en Casa del Mundo. No importa. Matías está muy feliz en el hotel. Habla con los meseros y las meseras. Habla con los trabajadores también. Está feliz porque explora mucho.

Entra en la recepción y ve a los padres de Brayan. Ellos están trabajando. Están organizando el cuarto para la cena. Matías habla.

«Hola. Me llamo Matías», dice. Matías quiere practicar su español.

«Hola. ¿Cómo estás?», pregunta la mamá de Brayan.

«Estoy muy bien», responde Matías.

Matías lleva otro uniforme hoy. Es el uniforme de Neymar. Ahora él juega para un nuevo equipo, Paris Saint-Germain. El uniforme es muy bonito. Tiene los colores verde y rosado, con los números negros. Y claro, tiene el nombre "Neymar" en la parte de atrás.

«Matías, ¿te gusta el fútbol?», pregunta el papá de Brayan.

«¡Sí! ¡Claro!», responde Matías.

«Me gusta el uniforme. ¿Es tu equipo favorito?», pregunta el padre de Brayan.

«No. Me gusta Neymar, pero él ya no juega con Barça. Barça es mi equipo favorito».

«Oh, a mi hijo le gusta Barça también. ¿Quién es tu jugador favorito?»

«Messi. Claro. Es el mejor jugador en La Liga», dice Matías.

«Interesante. A mi hijo le gusta Messi también».

«¿Cómo se llama tu hijo?», pregunta Matías.

«Se llama Brayan. Es su cumpleaños el jueves. Compramos un jersey de Messi para su cumpleaños. Es una sorpresa».

«Muy bien. Yo tenía[11] un jersey de Messi pero mi mamá lo llevó[12] al centro de donativos. Yo no lo tengo[13] ahora».

«Qué pena».

«Está bien. Tengo tres uniformes. Pero Messi ES mi favorito».

La mamá de Matías entra en la recepción, buscando a su hijo.

«Matías, ¿Qué haces?»

«Hablo con Isaías. Hablamos de fútbol», dice Matías.

Con una sonrisa la mamá responde, «¡Qué sorpresa!»

Durante los tres días que la familia de Matías pasa en Casa del Mundo hablan mucho con Isaías y Candelaria. Son muy simpáticos. Los padres de Matías y los padres de Brayan hablan mucho de la vida en Guatemala, la región de Atitlán y Jaibalito. Ese día Candelaria invita a la

---

[11] yo tenía: I had.
[12] lo llevó: (she) took it.
[13] Yo no lo tengo: I don't have it.

familia a su casa para celebrar el cumpleaños de Brayan.

«Me gustaría invitarlos a la casa. Vamos a cenar esta noche a las 7 para celebrar el cumpleaños de Brayan. ¿Quieren venir?»

La mamá de Matías responde inmediatamente. «Sí. Nos encantaría. Gracias.»

*****

Esa tarde, Isaías y Candelaria salen del trabajo y caminan a la casa para preparar la cena especial. Candelaria habla con Brayan.

«Brayan, invitamos a unos amigos para celebrar con nosotros esta noche», dice Candelaria.

«¿Quiénes?», pregunta Brayan.

«Una familia. Una mamá, un papá, una hija y un hijo. El hijo se llama Matías. Tiene 7 años. Le gusta el fútbol también».

«Muy bien, mami», dice Brayan.

Capítulo 12

Antes de ir a la casa en Jaibalito para la cena especial, la mamá de Matías habla con él.

«Matías, vamos a cenar a la casa de Isaías y Candelaria para el cumpleaños de Brayan. No tenemos regalo para él. ¿Quieres regalarle tu uniforme de Neymar?»

Matías piensa sólo un momento.

«Sí, mami. Me gustaría darle el uniforme. Yo tengo muchos y Brayan probablemente no tiene muchos».

Con su familia Matías camina a Jaibalito con el uniforme y con el balón. Quiere jugar al fútbol con Brayan. Matías siempre quiere jugar al fútbol.

La familia de Matías llega a la casa en Jaibalito e inmediatamente los dos chicos empiezan a jugar al fútbol. Los dos están muy felices.

Brayan dice, «Me gusta tu balón. No tengo uno».

«Es un balón del mercado. ¿Quieres?», pregunta Matías.

«¿En serio? Sí, me encantaría».

Matías le da el balón a Brayan. Y los dos chicos van al comedor para comer la cena. La comida es muy rica. Es *kaq'ik*[14], un plato típico de Guatemala. Es un caldo de pavo, o chompipe. El caldo tiene tomates, cebolla y chiles también. Se sirve con tamales[15].

Después de la cena la madre de Brayan habla.

«Brayan, tenemos un regalo especial para ti para tu cumpleaños. Normalmente no celebramos, pero como te gusta el fútbol...»

Los padres de Brayan le dan el jersey de Barça con el número 10 y el nombre de Messi atrás. Brayan está sorprendido, y MUY feliz.

---

[14] Kaq'ik: a typical Guatemalan dish made with turkey legs cooked in red broth with tomatoes, spices and chiles.

[15] tamale: a typical Mesoamerican dish made of *masa* or dough, steamed in a banana leaf.

«Gracias, mami y papi. ¡Gracias!»

Brayan se pone el jersey inmediatamente. La mamá de Matías ve algo interesante en la camisa: las letras M.A.S. en el cuello.

«Brayan, ¿Puedo ver tu jersey?», pregunta la mamá de Matías.

«Sí».

La mamá de Matías examina el jersey. Con una sonrisa grande, ella dice «Matías, este es TU jersey. ¡Tiene las letras M.A.S., las letras de tu nombre!»

Todas las personas en la casa hablan y todos están muy felices con la nueva conexión entre las familias.

Matías le habla a Brayan y le da el uniforme de Neymar.

«Brayan, este uniforme es para ti también. Messi es mejor, pero Neymar es bueno también».

«Gracias, Matías».

Dos horas más tarde la familia de Matías camina a Casa del Mundo. Regresan a Antigua el próximo día. Antes de dormir Matías habla con sus padres.

«¿Vamos a regresar a Casa del Mundo y a Jaibalito en el futuro?»

«Sí, Matías. Venimos a Guatemala todos los veranos. ¿Por qué?», dice la mamá.

«Yo quiero ver a Brayan otra vez».

«Está bien...»

«Y, quiero traerle más ropa. Yo tengo mucha ropa y zapatos y uniformes y Brayan tiene menos que yo. Quiero compartir».

La mamá y el papá de Matías se miran. Los dos tienen unas sonrisas muy grandes porque saben que su hijo aprende mucho más que leer el español en este viaje a Guatemala.

GLOSARIO

A
a - to, at
abrió - s/he opened
abuela - grandmother
acción - action
actividades - activities
activo(s) - active
acuáticos - acuatic
aeropuerto - airport
agosto - August
agricultura - agriculture
agua - water
ahora - now
al = a + el - to the
aldeas - small towns
alegre - happy
algo - something
allí - there
almuerzo - lunch
alta - tall
amarillo(s) - yellow
americana - American
amigos - friends
amor - love
antes - before
años - years
aprende - s/he learns
aprenden - they learn
aprender - to learn
aprendes - you learn
aquí - here
arco - arch
asistir - to attend
atracción - attraction
atrás - back
avenida - avenue
avión - airplane

ayuda - s/he helps
ayudar - to help
azul(es) - blue
azúcar - sugar

B
bajan - they go down, get off (plane)
balón - ball
bananos - bananas
baños - bathrooms
bebida - drink
bien - well
blanco - white
blusa - blouse
bolsa - bag
bonita/o - pretty
botellas - bottles
buen/o/a(s) - good
buscando - looking for

C
cabezas - head
cada - each
café - coffee, coffee shop
cajas - boxes
calcetines - socks
caldo - broth, soup
calidad - quality
calles - streets
calor - heat
hace calor - it's hot
calzoncillos - underwear
camina - s/he walks

47

caminamos - we walk
caminan - they walk
caminar - to walk
camino - I walk
camisa(s) - shirt(s)
camiseta - T-shirt
campos - fields
canastas - baskets
cancha - sports field
cansada/o(s) - tired
carro - car
casa(s) - house(s)
caserío - very small
    town
casi - almost
cebolla - onion
celebramos - we
    celebrate
celebrar - to celebrate
celeste - light blue
cena - dinner
cenar - to eat dinner
centro - downtown
cerca - close
cerro - hill
chapina - adjective (f.)
    to refer to
    Guatemalans
chapines - adjective
    (pl.) to refer to
    Guatemalans
chapín - adjective (m.)
    to refer to
    Guatemalans
chicas - girls
chico(s) - boy(s)
chiles - chili peppers
chofer - driver
chompipe - turkey
cinco - five

cinta - tape
ciudad - city
claro - of course, clear
clase(s) - class(es)
clima - climate, weather
cocina - kitchen
cola - line
colegio - high school
colonial - colonial,
    referring to the time
    when the Spaniards
    colonized the region
colores - colors
come - s/he eats
comedor - dining room
comemos - we eat
comer - to eat
comida - food
como - like, as
cómo - how
compartir - to share
compañía - company
compra - s/he buys
compramos - we buy
compran - they buy
comprar - to buy
comprende - s/he
    understands
con - with
condición - condition
conexión - connection
conoce - s/he knows
conoces - you know
conozco - I know
construcción -
    construction
contenta - happy
contesta - s/he
    answers

continuar - to continue
continua - s/he
continues
conversación -
conversation
corre - s/he runs
correr - to run
corte - skirt as part of
the typical
Guatemalan outfit for
indigenous women
corto(s) - short
costa - coast
cuando - when
cuarto(s) - room(s)
cuatro - four
cuello - neck
cultura - culture
cumpleaños - birthday

D
da - s/he gives
dan - they give
darle - give to him/her
de - from, of
decide - s/he decides
decir - to say, tell
del = de + el - from the
delantera - front
delantero - forward
(position in
soccer/football)
delicioso - delicious
departamento -
department,
delineated territories
in Guatemala similar
to states in the U.S.
deporte(s) - sport(s)
desayuno - breakfast

descansa - s/he rests
desde - since, from
después - after
día(s) - day(s)
dice - s/he says, tells
dicen - they say, tell
diez - ten
diferente(s) - different
difícil - difficult
dinero - money
directamente - directly
discusión - discussion
domingo(s) -
Sunday(s)
donativos - donations
donde - where
dónde - where
dormir - to sleep
dormitorios -
bedrooms
dos - two
durante - during

E
e - and
económica - economic
educación - education
el - the
él - he
ella - she
ellas - they
ellos - they
emocionado - excited
empiezan - they begin
en - in, on
encanta - it is really
pleasing to
encantaría - it would be
really pleasing to
encima - on top of

enorme(s) - enormous
entiende - s/he
  understands
entonces - then, so
entra - s/he enters
entran - they enter
entre - between
equipo(s) - team(s)
es - s/he, it is
esa - that
escribir - to write
escucha - s/he listens
escuchan - they listen
escuela - school
ese - that
esos - those
espacio - space
España - Spain
español - Spanish
especial - special
espectacular -
  spectacular
específicos - specific
esta - this
estado(s) - state(s)
  Estados Unidos -
  United States
estar - to be
este - this
estoy - I am
estudia - s/he studies
estudian - they study
estudiante(s) -
  student(s)
estudiar - to study
está - s/he, it is
están - they are
estás - you are
europeas - European

examina - s/he
  examines
excelente - excellent
experiencias -
  experiences
explica - s/he explains
explora - s/he explores

F
falda - skirt
familia(s) - family(ies)
famosa/o - famous
farmacia - pharmacy
favor - favor
  por favor - please
favorita/o(s) - favorite
felices - happy
feliz - happy
fin - end
final - final
  al final - at the end
fresco - cool
frijoles - beans
fruta - fruit
fuego - fire
funciona - s/he, it
  functions
futuro - future
fácil(es) - easy
fútbol - soccer (U.S.A.),
  football

G
gallinas - hens
gana - s/he earns
ganan - they earn
ganar - to earn
gente - people
geografía - geography

Goodwill - an organization in the]. United States that accepts used clothing and other items and offers them for resale at a discounted price.

gracias - thank you

gradas - steps

grado(s) - grade(s)

grande(s) - big, large

gris - gray

grita - s/he yells

grupos - groups

guatemalteco/a - Guatemalan

gubernamental - governmental

gusta - it is pleasing to

gustan - they are pleasing to

gustaría - it would be pleasing to

H

habitantes - inhabitants

habla - s/he speaks

hablamos - we speak

hablan - they speak

hablar - to speak

hablo - I speak

hace - s/he, it makes, does

hacen - they make, do

hacer - to make, do

haces - you make, do

hay - there is, there are

helado - ice cream

hermana - sister

hermoso(s) - beautiful

hija - daughter

hijo - son

hispanas - Hispanic

historia - history

hola - hello, hi

hombres - men

hora(s) - hour(s)

hoteles - hotels

hoy - today

huevos - eggs

huipil- name of the blouse worn by the indigenous women in Guatemala

I

idiomas - languages

iglesias - churches

iguales - equal, same

imagen - image

(no) importa - it (doesn't) matter

importante(s) - important

incaparina - name given to the powdered beverage provided to the children by the NGO, INCAP.

increíble(s) - incredible

individuales - individual

indígenas - indigenous

inglés - English

inmediatamente - immediately

interesante - interesting

internacional - international
interés - interest
invita - s/he invites
invitamos - we invite
invitarlos - to invite them
ir - to go

J
jefe - boss
juega - s/he plays
juegan - they play
jueves - Thursday
jugador(es) - player(s)
jugar - to play
juguetes - toys
juntos - together

K
kaqchikel - a Mayan indigenous language spoken in the south central region of Guatemala

L
la - the
lacrós - lacrosse
lado - side
lago - lake
lancha(s) - boat
lanchero - boat driver
largo - long
las - the
le - to/for him/her
lee - s/he reads
leer - to read
lenguas - languages
letras - letters

letrero(s) - sign(s)
librería - bookstore
libro - book
liga - league
lista/o - ready
llama - s/he calls
llaman - they call
llamo - I call
llega - s/he arrives
llegan - they arrive
llegar - to arrive
lleva - s/he wears
llevan - they wear
llevar - to wear
llevarlo - to wear it
llevó - s/he took
lo - it
locales - local
los - the
lugar(es) - place(es)

M
madre - mother
maestra(s) - teacher(s) feminine
maletas - suitcases
mami - mommy
mamá - mom
marimba - music made with the instrument of the same name
martes - Tuesday
más - more
mascotas - pets
matemáticas - math
materiales - materials
mayas - Mayan
mayor - older
maíz - corn

mañana - morning, tomorrow
me - me
media - half
medias - socks for soccer/football
Megapaca - clothing chain in Guatemala that sells both new and used clothing.
mejor - better
menos - less
mercado - market
mes - month
mesera/o(s) - server(s)
mexicano - Mexican
mi - my
milpa - corn
minutos - minutes
mira - s/he looks at, watches
miran - they look at, watch
mirar - to look at, watch
mochila - backpack
momento - moment
montañas - mountains
mucha/o(s) - many, much
muelle - dock
mujer - woman
mujeres - women
mundo - world
museo - museum
música - music
muy - very

N
nacional - national
necesario - necessary

necesita - s/he needs
necesitamos - we need
necesitas - you need
necesito - I need
negocio - business
negro(s) - black
niños - young girls
noche(s) - night(s)
nombre - name
normalmente - normally
norte - north
nos - us
nosotros - we
noticias - news
nubes - clouds
nueva/o - new
número(s) - number(s)
nutrición - nutrition

O
ocupada – busy
oficial – oficial
olas - waves
ONG = NGO - non governmental organization

organizaciones - organizations
organización - organizations
organizando - organizing
originalmente - originally
o sea - in other words
otra/o(s) - other

P

paca(s) - pallet(s)
padre - father
padres - parents
paga - s/he pays
palabra(s) - word(s)
Panajachel - largest town on the edges of Lake Atitlán
pantalones - pants
papel - paper
papi - daddy
papá - dad
para - for
parte(s) - parte(s)
partido - game
pasa - s/he passes, spends (time)
pasan - they pass, spend time
pasear - to go for a walk, drive, ride
pavo - turkey
país – country
(qué) pena - what a shame
pensar - to think
pequeña/o(s) - small
perfecta - perfect
pero - but
perro - dog
persona(s) - person(s)
piano - flat
piensa - s/he thinks
pijama - pajamas
pisto - Guatemalan word for "money"
plato - plate, dish
plaza - town square
plástico - plastic

pocos - few
pone - s/he puts, places
por - for
porque - why
posible - possible
posición - position
practica - s/he practices
practican - they practice
practicar - to practice
precio - price
pregunta - s/he asks
preguntas - questions
prepara - s/he prepares
preparar - to prepare
primo(s) - cousins
probablemente - probably
problema - problem
produciendo - producing
producto(s) - product(s)
professional(es) - professional(s)
profesora - teacher (fem.)
pronuncia - s/he pronounces
pronunciación - pronunciation
pronunciar - to pronounce
práctica - practice
próximo - next
pueblo(s) - towns
puedes - you can, are able
puedo - I can, am able

puerta - door

Q
que - that
qué - what
quién(es) - who
quiere - s/he wants
quieren - they want
quieres - you want
quiero - I want
quince - fifteen

R
rápido - rapid
realmente - really
recepción - reception
reciben - they receive
recibir - to receive
recreo - recess
refacción - snack
regalarle - to give to
   him (as a gift)
regalo - present, gift
regaló - s/he gave as a
   gift
regiones - regions
región - region
regresan - they return
regresar - to return
repitan - repeat
responde - s/he
   responds
responden - they
   respond
respuesta - answer
restaurante(s) -
   restaurants
rica/o - rich, delicious
roja/o - red
ropa - clothings

rosado - pink
ruta - route

S
sábado - Saturday
sabe - s/he knows
saben - they know
sabes - you know
saca - s/he takes out
sala - living room
sale - s/he leaves, goes
   out
salen - they leave, go
   out
salir - to leave, go out
salta - s/he jumps
saluda - s/he greets
saludan - they greet
san - saint (masc.)
santa - saint (feminine)
sé - I know
(o) sea - in other words
seis - six
semana(s) - week(s)
(en) serio - seriously
sí - yes
siempre - always
(lo) siento - I'm sorry
similar(es) - similar
simpáticos - nice
sirve - s/he serves
   se sirve - it is
   served
sistema - system
situación - situation
sol - sun
sólo - only
solución - solution
son - there are
sonrisa(s) - smile(s)

sorprendido - surprised
sorpresa - surprise
su(s) - his, her, their
sube - s/he goes up
suben - they go up
subir - to go up
sudadera - sweatshirt
sudan - they sweat
suerte - luck
suficiente - sufficient
súper - super
sur - south
suroeste - southwest

T
tamales - a typical Mesoamerican dish made of *masa* or dough, which is steamed in a banana leaf
también - also
tarde(s) - afternoon
  buenas tardes - good afternoon
televisión - television
tenemos - we have
tengo - I have
tenía - I had
termina - s/he, it ends
ti - you
tía - aunt
tiempo - time
tiendas - stores
tiene - s/he, it has
tienen - they have
tienes - you have
tierra - land

típico - typical
toda/o(s) - all
toma - s/he takes
toman - they take
tomate(s) - tomato(es)
trabaja - s/he works
trabajadores - workers
trabajan - they work
trabajando - working
trabajar - to work
trabajo - I work
tradicional - traditional
trae - s/he brings
traemos - we bring
traerle - to bring to him/her
traigo - I bring
traje - outfit worn by the indigenous people of Guatemala
tres - three
triste - sad
tráfico - traffic
tu(s) - your
tú - you
turistas - tourists
turquesa - turquoise

U
un/a - a, an
unas/os - some
uno - one
unidos - united
  Estados Unidos - United States
uniforme(s) - uniform(s)
uno - one
usa - s/he uses
usada/o - used

56

usan - they use
usar - to us

V
va - s/he goes
vamos - we go
van - they go
vas - you.go
ve - s/he sees
vecinos - neighbors
vegetales - vegetables
veinte - twenty
ven - they see
vende - s/he sells
venden - they sell
vender - to sell
venderla - to sell it
venimos - we come
venir - to come
ventana - window
ver - to see
veranos - summers
verde - green
vez - time, instance
viaja - s/he travels
viajan - they travel
viajar - to travel
viaje - trip
vida - life
viento - wind
visitan - they visit
visitar - to visit
vista - s/he visits
vitaminas - vitamins
vive - s/he lives
viven - they live
volcanes - volcanos
volcán - volcano
voy - I go

voz - voice

X
Xocomil - name given
to the winds that
crop up in the
afternoons on Lake
Atitlán

Y
y - and
ya - already
yo - I

Z
zapatos - shoes

Notes

Megapaca is a clothing chain in Guatemala that sells both new and used clothing (*ropa americana*) obtained from the United States. The items sold are shipped to Guatemala in *pacas*, or pallets of mixed clothing, accessories, home goods and toys. The products that arrive are sorted, organized and displayed for easy access in the over 50 stores in the country. Guatemalans have taken to shopping at these stores as they are orderly and clean. With the many discounts available, people are able to shop for good quality clothing that might not be accessible to them otherwise.

Kaq' ik

A Foodies' Original Recipe   Serves 6

Ingredients:

7 tomatoes (leave them whole)
½ lb tomatillo (leave them whole)
1 large onion, quartered
2 ½ large red bell peppers, opened and seeded
1 dried guaque chili, opened and seeded
1 dried pasa chili, opened and seeded
6 dried cobán chilies*
1 garlic head, garlic cloves peeled and separated
1 tablespoon achiote paste (annato paste)
1 bunch spring onion stalks
1 cilantro bunch
3 ½ lbs turkey legs (about 3 turkey legs)*
4 cups chicken stock
mint leaves for garnish
white tamales and rice to serve on the side

First, you will make the red sauce:

1. Turn your oven broiler to high.

2. Place tomatoes, tomatillo, onion, red bell peppers,
   garlic, guaque, pasa and coban chilies in a cookie
   sheet that has been covered with foil. (this is just to
   make clean up easier).

3. Broil the vegetables for about 3 minutes. Keep an
   eye on them so your chilies don't burn. After about
   3 minutes, remove the chilies from the oven so the
   rest of the vegetables can continue to brown.

4. As soon as you see their skins begin to char, remove from the oven.

5. Put all the ingredients and the chilies in the blender. Start by pulsing it, and help yourself by smashing everything in with a wooden spoon (turn off the blender when you're sticking the spoon in). The liquid from the tomatoes will make it all come together. If you need to add a little liquid, add about ½ cup of chicken stock. Add achiote and give it another blend.

6. Strain it and set aside.

In a separate large pot:

1. Place turkey legs and chicken stock with enough water to just cover them, add about 1 teaspoon of salt and 2 garlic cloves. Put the lid on the pot to let it cook for about 1 hour and the turkey is tender. Halfway through the cooking process, add green onions and half of the cilantro to the pot. These will be removed later, so don't bother chopping it.

2. When the turkey is cooked, remove the green onion and cilantro as well as the legs from the broth and remove the meat from the bones (this step is optional. Traditionally, a whole leg is served in a bowl, but it's much easier to eat the soup with the meat off the bone — and off the bone it serves more people.)

3. Return the turkey meat to pot, add the red sauce, and stir well. Add half of the chopped cilantro, bring to a boil, reduce heat to medium low, and then cook for another 30 minutes. Check for seasoning and add more salt and pepper if you like.

Serve in bowls garnished with mint and cilantro. This dish is accompanied by white tamales and white rice.
Notes:

- Cobán chillies can be substituted with cayenne pepper. Cayenne pepper is also quite hot, so add it little by little and test the flavor as you go along.
- If you can't find turkey legs, use chicken thighs. These will not take 1 hour to cook (Step 1, part 2), so set your timer to 30 minutes instead of 1 hour. Since chicken thighs are much smaller, you don't have to remove the meat from the bone.
- You can find achiote (annato) paste in Latin markets. If you don't find the paste, you can use powder.

Recipe printed with permission by the Foodies' Kitchen, www.thefoodieskitchen.com

ABOUT THE AUTHOR

Jennifer Degenhardt taught high school Spanish for over 20 years and now teaches at the college level. At the time she realized her own high school students, many of whom had learning challenges, acquired language best through stories, so she began to write ones that she thought would appeal to them. She has been writing ever since.

Other titles by Jen Degenhardt:

La chica nueva | La Nouvelle Fille | <u>The New Girl</u> |
Das Neue Mädchen | La nuova ragazza
La chica nueva (the ancillary/workbook
volume, Kindle book, audiobook)
Salida 8 | *Sortie no. 8*
Chuchotenango | *La terre des chiens errants* | La vita
dei cani
Pesas | *Poids et haltères* | <u>Weights and Dumbbells</u> |
Pesi

@JenniferDegenh1

@jendegenhardt9

@PuentesLanguage &
World LanguageTeaching Stories (group)

Visit www.puenteslanguage.com to sign up to receive
information on new releases and other events.

Check out all titles as ebooks with audio on
www.digilangua.co.